# Die Mächtigen der Welt
## Ich zeige Dir die 9 Strippenzieher

AF221807

Herold zu Moschdehner

# Die Mächtigen der Welt

Ich zeige Dir die 9 Strippenzieher

Bibliografische Information der Deutschen Nationalbibliothek
Die Deutsche Nationalbibliothek verzeichnet diese Publikation in der Deutschen Nationalbibliografie; detaillierte bibliografische Daten sind im Internet über http://dnb.d-nb.de abrufbar.

ISBN 9783755734598

9,99 Euro

Am Anfang seines Lebens glaubt man noch, dass die Regierungen wirklich etwas zu sagen haben. Man glaubt, dass ein Präsident oder Kanzler frei entscheiden kann und das Land in irgendeiner Weise lenkt.

Irgendwann wird aber der Verstand gefistet, weil Dir irgendein Fehler im System auffällt. Das ist der Moment, in dem Du merkst: Du wirst bewusst belogen. Etwas ganz anderes geht hier vor und jemand anderes lenkt die Geschicke.

Hier zeige ich Dir die echten Hintermänner. Ich gebe Dir Informationen an die Hand mit der Du Erkenntnis findest. Achte auf jegliche Einzelheit. Ich kann Dir die echten Namen nicht nennen, die echten Fotos nicht zeigen, aber ich kann es so verklausulieren, dass schlaue Sinnsuchende es verstehen, aber das System bei der Erkennung scheitert.

Herold zu Moschdehner

<u>Harrywien Tronter</u>

Ein Mann, der Sonnenblumen liebt. Sein Kopf ist ein
Sieb, dass trotzdem hält. Kinder erbringen ihm Jugend.
Kugeln fliegen immer vorbei. Keinerlei Gemeinschaft.
Einzelmacht!

Der Katrotto

Nicht alles ist Mafia, was daraus entsprung. Viel Lust
wird zu Wahn und Zerstörung. Blindlings, wutverbrannt
und ins Nichts hinein. Viele Firmen enden in seiner
Hand.

Frank Berscher

Wohnt unter allen und lenkt sie. Hat ein Endziel, dass
mit allen anderen auf Einklang ist. Du bist nichts. Sie
sind selbst nichts, aber es muss einen Strom geben.
Einer, an dem man sich schön warm reibt.

Guiseppe Filance

Seine Hoffnung steht in den Gestirnen und spricht zu ihm. Wen er tötet, dessen Seele reist nicht weiter. In seinem Heim war es niemals leise. Heute ist er mehr als laut.

## Ukabo Hammen

Er hat Liebe in seiner Selle, aber nicht im Herzen. Diese
Dimension versteht er als eine, von vielen und
dementsprechend geht er mit ihr um. Er lenkt jede
ökologische Katastrophe, die von Menschenhand
kommt.

Hannorane Isspo

Eine mit Glaubensfetisch gibt es immer. Eine, die
Energie aus Aalen zieht und Verbindung findet im
Leidbringen. Sie schafft Schatten, damit es Licht geben
kann und dieses wirkt.

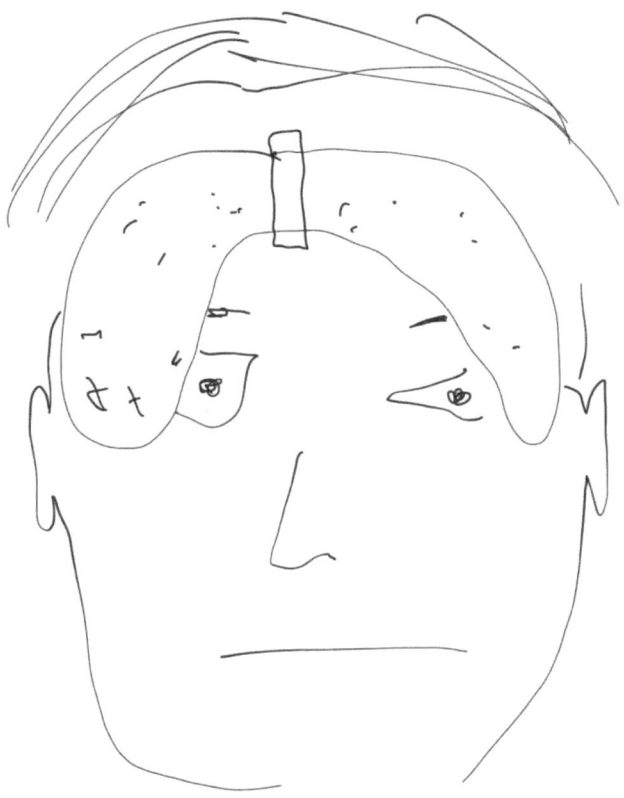

Der menschliche Aal

Ja, es gibt einen Mensch, der sich einen Aal in die Stirn
hat einoperieren lassen. Er wird nicht fremdgesteuert,
aber mischt gerne seine Empfindungen mit denen, des
Fisches.

Hockel

Seine Taten saugst Du auf. Seine Worte siehst Du überall. Seine Gedanken und Fantasien sind Deine Wahrheit. Er lenkt, weil es ins System und zum Ziel passt. Ständig unter Strom, immer aktuell.

Der Behinderte

Dieser Mann ist körperbehindert und hat seine Kraft
erhalten, als er seine Minderung kompensieren musste.
Nun leitet er ganze Ströme und gibt besondere
Impulse. Er urteilt auch.